Echoortungen

René Steininger

Bibliografische Information der Deutschen Nationalbibliothek: Die Deutsche Nationalbibliothek verzeichnet diese Publikation in der Deutschen Nationalbibliografie; detaillierte bibliografische Daten sind im Internet über dnb.dnb.de abrufbar.

© 2023 René Steininger
Lascygasse 29/2/15
1170 Wien

Satz & Lektorat: Sabine Felderer
Titelentwurf: René Steininger

Herstellung und Verlag: BoD – Books on
Demand, Norderstedt
ISBN: 9 783757 860349

Inhalt

I

125 – 400 Hz

Stimmen

Der Leser

Er betritt
den großen Lesesaal
der Bibliothek,
wo sie Spalier stehen;

schreitet
unbeeindruckt
aufrecht
durch ihre Reihen;

lässt sie
einzeln hervortreten,
indem er unbewegt
ihre Namen flüstert;

streicht
einem älteren Exemplar
tätschelnd
über den Rücken;

klappt es auf
und klatschend
wie eine Ohrfeige
wieder zu;

befingert ein anderes
und stellt es
ungerührt
zurück in die Kolonne;

liest flüchtig
Titel und
Seriennummer

eines dritten;
beendet
seine Inspektion
an der Frontlinie,
im Sektor der Avantgardisten;

wählt
unter Tausenden
hier im Limbus
einen aus,

der heute
im Licht seiner Nachttischlampe
von den Toten
auferstehen wird.

Saguaro

In dem Kaktus
(auf einer alten Postkarte
meines Großvaters)
erblickte ich als Kind
eine riesige Hand,
die mit ausgestrecktem
Mittelfinger
aus der Erde ragte.

Wollte ich
mit meiner Mutter
darüber reden,
wandte sie sich
hart ab.

Terminale Geistesklarheit

Aus der Tasse Kaffee
steigt
Dampf,
und nicht Schwefel,
auf.

Eine Klimaanlage,
und nicht der Äther,
verströmt
kühlende Luft,
und nicht den Hauch des Todes.

Aus dem Fernseher
dröhnt
die Stimme eines Moderators,
und nicht der Sensenmann,
und verkündet
die Nachrichten,
und nicht das Evangelium.

Auf einem sterilen Tablett,
und nicht auf der Schale einer Waage,
liegt
ein Infusionsbeutel,
und nicht das Herz.

Im Mehrbettzimmer
stöhnen
drei arme Hunde,
und nicht die drei Köpfe des Kerberos.

Draußen
raunt das Personal,
und nicht ein Engelschor.

Künstliches Licht,
und nicht das Strahlen eines Feuers,
dringt
aus dem Flur nebenan,
und nicht aus dem Jenseits,
ins Zimmer.

Die Tür,
und nicht die Himmelspforte,
öffnet sich,
und hereintritt
mit ausgestreckten Armen,
und nicht mit offenen Flügeln,
nicht die Oberschwester,
sondern die geliebte Tote.

Ihre Trümpfe

Sie hatte eine eigenwillige Art,
sich auszudrücken.
Sie sagte: „beten gemüssen"
und „kochen gesollen".

Nur in die Pflichtschule
habe sie „gehen gemüssen".
Fürs Leben habe sie dann alles
im Leben gelernt:
das Putzen, Kochen, Nähen,
Heuen, Melken, Kinderkriegen.

Das Knien und Singen im Chor.

Ihre Töchter hätten dann schon
mehr „lernen gedurfen".
Sie hätten nach der Schule
mehr „machen gekönnen",
also: mehr arbeiten.

Karriere statt Kinder,
raus aus dem Miststall
in ein belüftetes Büro.

Trotzdem habe sie nie
mit ihnen „tauschen gewollen".
Ihr eigenes Leben, Vergeltsgott,
sei ja so schlecht nicht gewesen.

Ihre Trümpfe:
Der frohe Sinn vom Papa
und das Hirn der Mama.
Nehmerqualitäten. Brave Töchter.
Ein Mann, der trank, aber nicht hurte.

Der Kräutergarten.
Und dass sie immer gern „singen gemögen".

Heilwasser

Über der Grotte
von Lourdes
steht jetzt eine Kathedrale,
und das Heilwasser
wird in Flaschen abgefüllt.

Die kleine Heilige,
die es entdeckte,
hatte selbst nichts davon.
„Die Quelle ist nicht für mich",
sagt sie in dem Schwarzweißfilm von 1943.

Sie sagt es
wie eine stillende Mutter,
oder wie Mozart,
Van Gogh, Shakespeare, Sokrates, Leonardo
es gesagt haben könnten -
inspirierte Tagelöhner.

Das Heilwasser
ist nie für die,
aus denen es fließt.

Es quellt
im Licht der Sonne,
im Schlaf der Katzen,
in einer Schnittblume,
einem Ventilator.

Einer Drehorgel,
die für ein wechselndes Publikum
Pour Elise spielt.

Es strömt rauschend
in den Lieben Augustin
und verlässt ihn
mit einem Kater.

Es wandert
von einem zum andern,
von dir zu mir
durch eine Münze, einen Blick, ein Wort.
Oder durch Handauflegen.

In der Obdachlosen
vom *Stadtpark*
fließt es
durch zwei Goldzähne
wie aus goldenen Wasserhähnen,
wenn sie lacht.

Jedermann (Remix)

Wenn ihr das nicht habt in euch,
wird das, was ihr nicht habt in euch,
euch töten.
Thomasevangelium

Er aß
zahnlos
mittels Vollprothesen
sein Filet Mignon

las
halbblind
mit einer Lupe
den Börsenbericht

befehligte
stumm
mittels einer Software
seine Untergebenen

gelangte
gehbehindert
in einem Lift
auf seine Dachterrasse

hörte
taub
mit einem Hörgerät
die Bahndurchsagen

vergnügte sich
impotent
dank Viagra
im Laufhaus

inhalierte
atemlos
durch ein Lungenimplantat
seine Havanna

weckte
abgestumpft
kraft Hochkonjunktur
seine Lebensgeister

starb
putzmunter
für alle überraschend
an einem Herzinfarkt

Die erste Generation

Die erste Generation
der Gastarbeiter
rackert sich tot
damit ihre Kinder
eine andere Geschichte erzählen

Die erste Generation
der Pizzabäcker
schuftet sich stumpf
damit ihre Kinder
eine andere Geschichte erzählen

Die erste Generation
der Frisöre
schindet sich gichtig
damit ihre Kinder
eine andere Geschichte erzählen

Die erste Generation
der Zulieferer
hastet sich platt
damit ihre Kinder
eine andere Geschichte erzählen

Die erste Generation
der Nachtwächter
quält sich bewusstlos
damit ihre Kinder
eine andere Geschichte erzählen

Die erste Generation
der Dealer
gaunert sich knastreif
damit ihre Kinder

eine andere Geschichte erzählen

Die erste Generation
der Akademiker
büffelt sich blöd
damit ihre Kinder
eine andere Geschichte erzählen

Die erste Generation
der Schriftsteller
dichtet sich hirnweich
um die Geschichte
ihrer Eltern zu erzählen

Hinterlassenschaften

Die ungeheuerste Kultur, die der Mensch
sich geben kann, ist die Überzeugung,
daß die andern nicht nach ihm fragen.
Johann Wolfgang Goethe

Der Penner,
der meine Schuhe bekommt,
wird das winterharte Leder
gut vertragen.

Der Kollege,
der meinen Spind bekommt,
wird die alten Aufkleber
entfernen müssen.

Der Antiquar,
der meine Bibliothek bekommt,
wird die *Duineser Elegien*
mit meinen Randnotizen verhökern.

Die gute Seele,
die meine Katze bekommt,
wird das treulose Biest
wieder schnurren machen.

Die Koryphäe,
die meine Kakteensammlung bekommt,
wird die dornige *Echinopsis*
auch zum Blühen bringen.

Der Angehörige,
der meine Espressomaschine bekommt,
wird seinen morgendlichen Kaffee
dann feingemahlen trinken.

Der Schnäppchenjäger,
der meinen Computer bekommt,
wird meine alten Dateien
wie Schwemmgut entsorgen.

Der Stein,
der meinen Namen bekommt,
wird ihn datiert
zurück zu den anderen legen.

Der Wichser,
der deine Aktfotos bekommt,
wird eine betörende Fremde
mit nackten Brüsten sehen.

Vert de Vienne

Auf einer Verkehrsinsel
ein riesiger Baum

isoliert wie ein
König im Exil

wie Napoleon
auf St. Helena

vielleicht auch
siech wie er

(krank durch
chronische Vergiftung)

aber nicht liegend
wie er

Aufrecht
stirbt er

in mitisgrüner Blüte

Philemon und Baucis

Philemon ist mit dem Alter
fett geworden;
Baucis hat ihre Linie
fortwährend bewahrt.

Er erkennt sie
durch halbgeschlossene Augen;
sie spiegelt ihn
in einer hellgrünen Iris.

Er verschlingt den Fraß,
den man ihm vorsetzt;
sie serviert auch
Frisches aus dem Garten.

Er schläft schon,
wenn sie kuscheln will;
sie schnurrt noch immer
wie ein Mädchen.

Er bleibt schon an der zweiten
Armlehne hängen;
sie meistert den Parcours
mit nimmermüder Energie.

Er ist unbeweglich
wie ein Baum;
sie holt noch die letzten
Früchte vom Zweig.

Er betrachtet alle
mit freundlichem Desinteresse;
sie heißt jeden

kratzbürstig willkommen.

Er hat den Horizont
einer Wespe im Bierglas;
sie zieht es mit den Vögeln
in alle Himmelsrichtungen.

Sie verlässt das Haus
immer durch ein Fenster;
er blickt ihr hinterher und folgt ihr
unten durch die Katzenklappe.

Copycat

Wir schossen
mit Waffen
aus buntem Plastik
und nur
mit flüssiger Munition
auf den Feind

Wir zielten
auf ihre Gesichter
und trafen
mit Glück
einen offenen Mund:

„Schluck das, Rothaut!"

Sie schluckten:
Spülmittel
Wasser aus dem Hahn
dem Gartenschlauch
oder auch Pisse

Wir kämpften
wie Cowboys
Piraten
oder Soldaten
um das Monopol
der Schaukel
den Vorsitz im Sandkasten
das Oberkommando
am Kletterbaum

Die Streifen
die uns

das Skript
lieferten
waren noch
in Schwarzweiß
Aber die Kreuzritter
im Zeichenheft
waren handkoloriert

Sonntags
mussten wir
vor der Schlacht
in die Messe
Danach
eröffneten wir
das Feuer
mit Weihwasser

Der neue Prometheus

Wenn seine Frau
ihm Modell stand,
begann er immer
mit den Augen.

Diesmal
fing er
mit der Nase an
und formte sie
aus Lehm
überlang
nach dem Vorbild
des Pinocchio.

Statt,
wie er es wollte,
den Schmollmund
seiner Frau
wiederzugeben,
stattete er
seine Figur
dann mit einer
Habsburger-Lippe aus.

Er modellierte
nicht
ihre feinen Ohrmuscheln,
sondern nahm Maß
an einem asiatischen Pilz
und gestaltete
Judasohren.

Er hätte gern

aus dem weichen Teig
ihren Busen
geknetet,
schuf die Brust
aber
aus dem Rückenpanzer
einer Galápagos-Schildkröte.
Er wäre lieber
mit seinen Fingern
in die feuchte Masse
getaucht,
um ihre Vulva
nachzubilden,
bestückte
den Torso
indes
mit einem Neopenis.

Die Extremitäten
erhielten nicht
die Form
ihrer zarten Gliedmaßen,
sondern Proportionen,
die an einen populären
Bodybuilder
erinnern sollten.

Und nicht der Abguss
ihres wunderbar
dichten Haars
schmückte schließlich
den Kopf,
sondern eine Clownsperücke.

Zuletzt
stützte er

die gesamte Konstruktion
auf eine Achillesferse
ihrer zierlichen Füße,
die selbst
unsichtbar blieben.

Der Blick seiner Frau
war seit je
das einzige Urteil,
dem er sich unterwarf,
also wählte er
für das letzte Stück
an seinem Werk
Murmeln
in den Farben ihrer Augen.

Was ist ein Embryo?

Wenn er eine Pflanze ist,
wie Porphyrios sagt,
warum wächst er dann
mit durchtrennter Wurzel weiter?

Wenn er ein Erbgut ist,
wie der Mediziner sagt,
warum erbt mancher dann
nur alles Übel?

Wenn er nichts als ein Keim ist,
wie der Misanthrop sagt,
warum erwarten wir dann
das Ende der Inkubationszeit mit Freude?

Wenn er ein vernunftbegabtes Tier ist,
wie der Philosoph sagt,
warum bleibt er dann
nicht lieber im Uterus zurück?

Wenn er eine Rechtsperson ist,
wie der Jurist sagt,
warum darf er dann
die Mutter gegen den Bauch treten?

Wenn er ein Kuckucksei ist,
wie der junge Vater sagt,
warum trägt er dann
die gleichen grantigen Gesichtszüge?

Wenn er ein Unglück ist,
wie die junge Mutter sagt,
warum hört sie dann
tief in ihr sein Herz schlagen?

Pretty Woman

Ihr Trick:
Sie küsst sie
beim ersten Mal

Einmal und nie wieder

Die Romantiker
unter ihnen
aber
kommen wieder
als suchten sie
etwas anderes
weit zurück Liegendes
oder eine andere
eine alte Liebe
eine Frau
aus ihrer Vergangenheit
tot oder verflossen
Sie denken an sie
wie an die eine
die Einzige
die ihnen schon
seit langen Jahren
ihre Beine öffnet
und die sie
beharrlich aufsuchen
traumwandlerisch
fast wie ein Luftschloss
weil sie ihnen
ganz zu Beginn
einmal auch
ihren Mund
geöffnet hat

Lukas 12, 13-34

Carmen
geht ins Kloster.

Sie will,
sagt sie,
näher zu Gott.

Durch gemeinsames
Wirken und Beten.

Warum
schockiert mich das?

Sicher,
Lukas der Evangelist
hat auch
eine Geschichte der Apostel
geschrieben,
doch ich verliere
eine Freundin.

Ich schlage
Lukas auf
und lese heute
eine Stelle
aus seinem ersten Buch.

Sokrates im Park

Der Penner
neben mir
ist über einem Buch
eingeschlafen,
und sein Atem sirrt
über den drahtigen Bart.

In Sibirien,
las ich,
trugen sie ihn so lang,
dass sie mit den Haaren
ihre löchrige Wäsche
stopfen konnten.

Es ist Frühling.
Das Lager
ist eine Parkbank,
und hier
bleibt zum Glück
nur eine Bildungslücke offen.

Trauerarbeit

Auf ihrem Weg
fährt sie
auf Straßen
und überquert
Brücken
die nach anderen
benannt sind

Oder nach
deren Kindern
deren großen Söhnen

Vorbei
am Denkmal
für den unbekannten Soldaten
gewidmet
allen Namenlosen
außer ihm

Vorbei auch
am Friedhof
mit seinen Ehrengräbern
seinen Mahnmalen
seinen ewigen Lichtern

Die Ausfallstraße
hinaus
zum hässlichen Stadtrand

Wo andere
vorbeifahren
bleibt sie stehen

Dort
zwischen Autos
zu beiden Seiten
brennt jetzt
immer
eine Kerze
mit langer Brenndauer
als entzünde sie
an der Unfallstelle
ein olympisches Feuer

Die Zensurbehörde

Die Dichter der Romantik
hatten ein zuverlässiges Lektorat:
die Zensurbehörde.

Die Tür vor dem Schlafzimmer
durfte, falls geschlossen,
im Text stehenbleiben.

Der romantische Held
durfte auch weiterhin
durchs Schlüsselloch spähen.

Sein Blick fiel
(in der zensierten Fassung)
nun aber auf ein Requisit,
und nicht auf das Bett.

Er sah eine Venusskulptur,
nicht die entblößte Hofdame.

Und nicht ein Detail ihres Körpers,
irgendeine feuchte nackte Stelle,
nein, blanken Marmor.

Darüber wurde er
halb wahnsinnig.

Ein unergründliches Lächeln
aus Stein
bereitete ihm schlaflose Nächte,
nicht die Erinnerung
an das geschwollene Fleisch,
die gerötete Schleimhaut.

Die Füße der Urfassung
wichen Pantoletten,
die am Sockel der Plastik
damenlos herumlagen.

Ihre roten Pompoms,
nicht die gekrümmten Zehen,
wurden sein Fetisch.

Die Laute,
die von innen
an sein Ohr drangen,
ließen ihn
vor Erregung zittern,
obwohl er
die feuchten Lippen,
die sie hervorbrachten,
nicht sehen konnte
und als einzige Quelle
der Stimme
die Statue identifizierte.

Der Wortlaut durfte,
sofern er alle
beteiligten Gliedmaßen ausließ,
unverändert gedruckt werden.

Er bestand fast zur Gänze
aus Interjektionen,
gestammelt oder geflüstert
(nie gestöhnt oder gewimmert).

Aus lauter
lexikalisch unverdächtigen AHs,
UHs und OHs.

Aus dem Mund
einer gefühllosen Venus
direkt an ihren Galan
hinter der Tür gerichtet,
entzündeten sie in ihm
dann eine unüberwindbare Sehnsucht.

Cold Case

In der Asservatenkammer
in Kisten geordnet
Gegenstände
des täglichen Gebrauchs:
Aschenbecher, Gläser,
geöffnete Flaschen und Dosen,
Tücher und Stoffreste.

Unter den Kleidungsstücken
besonders Höschen und Unterhemden.

Brüsseler Spitzen,
blutbespritzt.

Auch Kunst:
eine `Landschaft am See´,
handgemalt,
mit Fingerabdrücken,
die nicht der Maler hinterließ.

Massenhaft Messer,
Klappmesser
und solche, die man dort
nicht erwarten würde:
eine Machete,
ein Fleischklopfer,
eine Kordel,
ein Skalpell,
das Schwert eines Samurai,
an dem DNA des Opfers
haftet,
und die eines anderen
für die Kollegen von der Sitte.

Patronenhülsen,
von der Spurensicherung
eingesammelt
wie Finger der Hand,
die den Abzug drückte.

Nach hinten gerückt
ein befleckter Teddy im Karton.

Einziges Beweisstück
in einem Fall,
der nur im Herzen
der Angehörigen
(und eines schlaflosen Beamten
der Mordkommission)
nicht schon weiter
zurückliegt
als der Hundertjährige Krieg.

Am fünften Tag der Schöpfung

Der Junge ist zwölf, bald dreizehn,
als er eines Nachts einen Orgasmus hat.
Er kommt unangekündigt, ungerichtet, einfach so.
Es gibt keinen äußeren Anlass dazu
und keinen inneren Anstoß, keine Fantasien.

Es ist der fünfte Tag der Schöpfung.
Es gibt die Erde und den Himmel.
Es gibt Wasser und Bäume.
Es gibt Tiere, Fische vor allem,
die der Junge in einem Aquarium hält.
Es gibt von den Tieren im Wald
Wimmelbilder in einem Album, das er gerne
ansieht.
Es gibt den Jungen und seine Fische.
Es gibt in seiner Klasse auch Mädels, aber die sieht
er nicht.
Es gibt seine Eltern, aber es gibt keine Männer,
keine Frauen.
Es gibt den Mund, durch den ihn seine Mutter
zum Essen ruft,
aber es gibt keine Lippen.
Keine Achselhöhlen, keine behaarten
Geschlechtsteile.
Es gibt Henry Moore-Skulpturen, aber keine
Venusstatuen.
Es gibt Algenschaum, aber kein Sperma.

Es ist der fünfte Tag der Schöpfung,
als eines Nachts eine heiße Welle aus ihm
herausschießt.
Etwas, was es zuvor nicht gab: Sperma, kein
Wasser.

Es ist noch keine Lust, es ist eine Empfindung.
Es ist sein Körper, der plötzlich nicht mehr tut,
wie er soll.
Oder der etwas anderes tut, was der Junge nicht
will,
was er nicht kennt.
Und was ihm, weil er es nicht betrachten kann
wie die Wimmelbilder in seinem Album, Angst
macht.
So sehr, dass er jetzt vor Einsamkeit zittert.

Auch später in seinem Leben wird er
auf jede körperliche Veränderung so reagieren:
hypochondrisch.
Sein Großvater starb an Krebs, wurde ihm gesagt.
Das, denkt er nun, muss es auch bei ihm sein:
Krebs.
Er empfindet eine Scham, tief wie nie zuvor.
Er fühlt sich nicht schuldig, es gibt keinen Grund.
Ihm ist nur kotzübel. Er schämt sich, er fühlt sich
krank.

Es ist ganz am Ende des fünften Tags der
Schöpfung,
zu Beginn des sechsten.
In der Früh hat er wieder einen Orgasmus gehabt.
Beschämt stürzt er ins Badezimmer, wo schon
seine Schwester steht.
Er sieht sie nicht, er sieht nur ihre nackten Brüste.

Wenn es ihm das nächste Mal kommt, wird er
denken, es war gut.
Am fünften Tag, bevor der sechste anfing, war
alles gut.

Einwegspiegel

Manche öffnen
ihre Augen
und sehen dich an,
ohne dich zu sehen.

Du siehst
eine Frau oder einen Mann
hinter einem Einwegspiegel
stehen und
ihren Mund bewegen.

Sie sehen geradeaus,
als fixierten sie
irgendeinen Punkt
hinter dir,
während sie
für ein Polizeifoto posieren.

Sie halten leise
oder laut
ihre Monologe,
den Blick fest
auf etwas Größeres
als du
gerichtet: die Partei, ein Publikum
oder Jehovas Zeugen.

Du siehst sie
ohne Gegenrede
debattieren,
kreisend
in ihren Gedanken
große Worte

machen: über Atlantis,
Ölkonzerne, Quoten,
Lyrik als Formexperiment, die Liebe
unter Dschingis Khan.

Du siehst sie
und verschwendest besser
keine Zeit mit ihnen.
Andere öffnen
ihre Augen
und durch ein Fenster
siehst du
einen Mann und eine Frau,
euch beide,
einen Weg entlanggehen
und miteinander reden,
vielleicht auch lachen,
selig,
fast wortlos.

Die Ersten und die Letzten

Stolz
auf ihre Titel,
auf ihre Medaillen, ihre Preise.

Stolz,
als Erster über irgendeine Ziellinie
gelaufen zu sein:
als Erster eine Fahne auf den Mond gepflanzt,
alle Gipfel des Himalaja bestiegen,
sämtliche Klaviersonaten Beethovens
eingespielt zu haben.

Oder stolz,
der Letzte zu sein:
in der belagerten Stadt der letzte Überlebende,
der letzte Mohikaner
oder der Letzte seiner Art:
der letzte Ungeimpfte,
Ezra Pounds letzter Leser.

Wenn am Ausgang der Fabrik
die Letzten der Nachtschicht
auf die Ersten der Frühschicht
trafen,
grüßten sie einander
gegen den Uhrzeigersinn
mit: „Gute Nacht!"

Nicht stolz,
aber lachend,
als ließen sie einen Joint kreisen.

Traum(a)

„Schwachkopf",
rügte der Lehrer.

Umsonst:
Die Schönheit seiner Formel
erschloss sich dem Jungen
dennoch nicht.

„Siehst du die Zahlen
an der Tafel?"

Er sah sie:
Kreidespuren
auf schwarzem Grund.

„Ich habe die Lösung,
den Weg aber musst du
schon selber gehen:
$(\text{--------------})^2 = 9x^2 + 30xy + 25y^2$?",
sagte der Lehrer.

Der Junge aber
sah nur eine Straße
zum Meer,
die mit Möwenscheiße
geweißt war.

Das alte Haus

Das Haus
war baufällig
und außer mir
wohnten dort
nur Alte,
so als habe
man sich
in ihm
in vier Generationen
vermehrt
und dann
in der fünften
plötzlich
die Lust daran
verloren.

Gegenüber
befand sich
ein Bürohaus
ganz aus Glas,
und die Fenster
waren keine Fenster,
sondern Bildschirme.
Dahinter
bewegten
sich Angestellte
in schicken Kleidern
hin und her
wie Figuren
in einer Fernsehserie.

Wenn sie abends
aus ihrem Fernseher traten,

spielten sie
ihre Rollen
draußen weiter,
denn keiner sah
auch nur einmal
von der Straße
zu uns herüber.

In ihrer Welt
war einfach
kein Platz
für ein altes Haus,
und ich verstand,
warum es
aufgehört hatte,
sich zu vermehren.

Der verlorene Sohn

Niemand kam ihm
auf halbem Weg
entgegen
oder verabschiedete ihn
unter Tränen.

Er blieb ein paar Tage
und verschwand wieder
für Monate.

Im Bad der Eltern
sah er
im erblindenden Spiegel
die Augen
über dem Bartschatten
und erwiderte
den Blick.

Blau wie die
der alten Frau
auf dem Foto
im Wohnzimmer;
dieselben Augen,
aber nicht derselbe Blick.

Er zog
aus einem Regal
für Nippes
das einzige Buch,
das sich darin befand,
und las
wie sein Vater das Lokalblatt
gedankenversunken

einen Brief an die Korinther.
Auf dem Lager,
wo die ganze Familie
in der männlichen Linie
flachgelegen war,
lag er nachts
lange wach.

Am Tisch
in der Küche,
wo jahrhundertelang
nur gegessen
und Weinbrand
getrunken worden war,
schrieb er,
als noch alle schliefen,
ein Gedicht.

Was ein Geist ist (und was nicht)

Wenn Türen scheppern
und Schubladen knarren,
Glas oder Geschirr zerbricht,
ist es ein Kobold, aber kein Geist.

Einem Phantom stehst du gegenüber,
wenn es echte Gefühle weckt,
aber künstlich ist: Silikonbrüste
zum Beispiel oder ein Stausee.

Wenn du Stimmen hörst,
kommt es fast immer aus dir:
schlimmstenfalls ein Dämon,
hoffentlich nur ein Hirngespinst.

Leicht zu identifizieren
wie ein Soldat oder ein Mönch
ist ein Gespenst im traditionellen Habit:
mit Leintuch überm Kopf.

In neun von zehn Fällen
ist der Spuk ein Kinderstreich,
und der schaurige Yeti
dein Kollege im Faschingskostüm.

Am Ufer der Donau erinnerte ich mich heute
an meinen alten Englischprofessor,
als ich ein Fährboot vorbeigleiten sah:
die *William Wordsworth*.

Wenn die Wissenschaft sagt,
Zufall und sonst nichts,
und die logische Reihenfolge dagegenspricht,
ist es wahrscheinlich ein Geist.

Die Königin der Nacht

Carl von Linné
beschrieb sie als Erster.

Keine Poesie,
nur Daten und Fakten:

Sprossen, Rippen,
Areolen usw.

Welche Früchte
in welchen Farben?

Wächst wie?
Duftet wonach?

Standort und Blüte,
wo und wann?

Und wenn Dornen,
wie viele?

Es ging um den Ruhm
der Erstbeschreibung,

mehr taxonomischer Eros
als Liebhaberei.

Was zählte,
war der Stempel,

der Name:
Selenicereus grandiflorus

wie ein Fuß
am Gipfel des Mount Everest.

Heute gepriesen als
die Königin der Nacht.

Dutzende Kaktusfreunde
liegen wach

in den kurzen Sommernächten,
wenn sie blüht.

Gebet oder Ansuchen eines Schutzengels um Beförderung

Herr,
ich weiß,
alle mussten sich
nach oben arbeiten,
auch ein Seraph, ein Cherub
haben einmal
klein angefangen.

Doch, Herr,
es waren andere Zeiten.

Ja, sie gingen
durch die Hölle für Dich,
aber nicht wie ich,
neben einem Esel.

Nein, an der Seite Jeanne d´Arcs
und Óscar Romeros.

Mein Schutzbefohlener,
Herr,
schläft den halben Tag,
und wenn er nicht gerade schläft,
dann säuft er
oder schreibt.

Ich weiß,
auch andere vor ihm taten das,
die jetzt unsterblich sind.

Doch bei dem
ist es hoffnungslos

und dreht sich immer
um dasselbe:
sein Geschlechtsteil.

Herr,
wie soll ich ihm helfen,
wenn mir fehlt,
was ihn umtreibt?

Wie soll ich verstehen,
was ihn daran
so fesselt
und warum er alles andere
darüber vergisst,
sich selbst
und seine Katze,
und die Schönheit
von allem Übrigen sonst
in den Wäldern, Wiesen
und Fluren
Deiner strahlenden Schöpfung.

Andere,
die jetzt unsterblich sind,
taten es auch,
aber nannten es Liebe,
und das Wort lag
wie ein schönes Feigenblatt
über der Sache.

Herr,
selbst in Deinem Namen
huldigt er
wieder nur
seiner Zwangsidee:

„Grundgütiger",
sagt er anerkennend,
wenn er nackt
vor dem Spiegel steht.

Gib mir,
Herr,
das einzige Mittel,
ihn zu begreifen,
ein Genital,
oder gib,
dass ich ihn
nicht mehr hören muss.

Lass mich weiter
für Dich arbeiten,
auch hier unten,
wenn es Dein Wille ist,
aber jetzt als Erzengel.

Übertrag mir eine Herde.

Eine Herde,
sagt Michael,
ist ein Selbstläufer.

Eine Herde,
sagt er,
folgt dir blind
auf die Schlachtbank.

Lass mich,
Herr,
eine Herde in Dein Haus führen.

Und Herr,
mach mich zum Führer
der kleinsten Herde,
der Pfadfinder
meinetwegen
oder des örtlichen Sparvereins.
Lass mich Kinder leiten
oder Idioten,
wenn Du willst,
Herr,
in Deiner Güte,
Deiner unendlichen Gnade,
aber bitte
nicht den Schriftstellerverband!

Farbenlehre eines kranken Kindes

Spital ist
eine schneeweiße Landschaft
wo Teddybären
gelegentlich
braune Spuren
hinterlassen.

Der Himmel ist
ein blaues Quadrat
oben rechts
und die Sonne
ein gelber Kreis
auf himmelblauem Grund.

Alle Autos sind
weiß
und jedes Kreuz
jedes Signallicht
darauf
rot wie Clownsnasen.

Die Blumen sind
knallbunt
wie überall
und wachsen
hier
aus grünen Vasen.

Das Bett ist
silbergrau
ebenso der Ständer
für den Tropf
festgetaut wie

Boot und Segel.

Die Prinzessin ist
schlank
mit goldenen Locken
und lächelt
auch im weißen
Ärztekittel.

Das Kind ist
schwarz vor Ärger
doch unterm Helm
aus weißem Verbandszeug
schlummert
ein Held.

Vertraute Symptome

An diesem Tag
erhob sich der alte Professor
gerädert aus dem Bett
mit allen Symptomen einer Verliebtheit.

Seltsam, dachte er mit analytischem Verstand,
dieselben wie damals im Gymnasium.

Er fand an nichts mehr Geschmack,

was ihn gestern noch mit Freude erfüllt hatte:
eine Tasse Kaffee,
der Geruch warmer Milch,
seine Katze,
der Gesang der Vögel im Garten,
Annes Käseomelette.

Am merkwürdigsten aber war,

dass er über Nacht
auch seinen Appetit auf Frauen
verloren hatte,
neben dem Schlaf
eine Hauptschlagader seiner Vitalität.

Apathisch

glitt sein Blick
über sie hinweg,
die er sich immer am liebsten
ohne ihren Aufputz
in verwegenen Posen vorgestellt hatte:

Die schicken Ladys auf ihrem Weg ins Büro,

die Empfangsdame mit den großen Brüsten
unterm Strickkleid,
die Seminaristinnen in ihrer Funktionskleidung,
die Kollegin Sue von der Anglistik im aparten
Kostüm
(seine Geliebte in der Zeit von Annes Krankheit).

Als ob man nur schlaflos,
krank und kastriert
ins Reich der Liebe
eintreten könne,
folgerte er missmutig.

Und als in der Tür
zu seinem Sprechzimmer

die neue Assistentin erschien,
hübsch,
aber eigentlich nicht sein Typ,
lächelte ihr
ein pickeliger Sechszehnjähriger
verlegen entgegen.

Wer kürzer lebt, wird länger nicht vergessen

Sie heiratete
ein zweites Mal
diesmal
keinen Abenteurer mehr

Der glich
als sie seine Leiche
am Mont Blanc
bargen
dem Boliden
in dem Jochen Rindt
tödlich verunglückte

Der zweite
schenkte ihr
ein Zuhause
für sie
und die drei Kinder
die sie zeugten

Ein Haus
in guter Lage
provisionsfrei
das in zwanzig Jahren
seinen Wert
verdoppeln würde

In dem sie
glücklich wären
und zusammen alt
werden könnten

Doch manchmal
scheint es ihr
wie eine Kulisse

Es kommt ihr vor
als bewege sie sich
wie eine Marionette
darin
und spiele Theater
während sie
in Wahrheit
mit dem anderen
am Mont Blanc
zurückgeblieben war
tödlich verunglückt
wie Jochen Rindt
in dem Jahr
als er posthum
Weltmeister wurde

In sechster Ehe

In einer Boutique
reichte er
seiner sechsten Frau
den falschen BH
in die Umkleidekabine:
„Das ist King Size",
sagte sie,
„ich habe Körbchengröße B."

Für die Hundelady,
stand auf dem Halsband
des Chiwawas,
den er ihr
zum Geburtstag schenkte.
Sie hatte immer nur Katzen gehabt.

Oder er erinnerte sie
an eine Begegnung auf Mallorca:
„Der Affe, der dich am Strand angemacht hat,
weißt du noch?"
Sie war als Dreijährige mit ihren Eltern
zuletzt auf der Insel gewesen.

„Du musst mich mit einer
anderen verwechseln",
sagte sie,
als er ihr einmal
beim Versuch, sie zu küssen,
den Namen einer bekannten Parfummarke
ins Ohr raunte.

Eines Abends
überraschte er sie
mit Rumpsteak

und einer Flasche Prosecco.
Nachdem sie weinend
aus dem Zimmer
gerannt war,
blieb er noch lange
allein
am gedeckten Tisch sitzen.

Stimmt, sie war vegan.
Für welche
seiner Frauen
er da gekocht hatte,
wollte ihm
aber auch
nach dem vierten Glas
nicht wieder einfallen.

Späte Einsicht

Ich bin froh,
Liebster,
mein Mörder,
schrieb sie,
dass *du* mir jetzt
das Leben nimmst.

Froh,
dass ich die Wahrheit
aus dem Mund höre,
dem ich
die schönsten Worte
verdanke.

Froh,
dass ich den Schlag
von der Hand empfange,
der ich
mein größtes Glück
schulde.

Froh,
dass die Augen,
die mich auszogen
und wärmten,
mich vor allen Blicken
entblößen.

Froh,
dass die Gegenwart,
die mich am meisten
erfüllte,
mich fühlen lässt,
was Leere ist.

Froh,
dass die Füße,
denen ich überallhin
gefolgt wäre,
meinen Weg ins Exil
bestimmen.

So schrecklich froh,
dass du,
den ich geliebt habe
wie keinen anderen,
mir nun fehlen wirst
wie kein Zweiter mehr.

Instant Karma

Auf der Wäscheleine
hocken
meine Socken
wie lauter
dunkle Krähen
& Spatzen
aufeinander.

Dazwischen
Wellensittiche
grüne und gelbe,
jetzt mit Graustich.

Verflixt, wieder nicht aufgepasst!

Agape oder Ihre Fürbitten zum Abschied

Möge er auch am Trog der Neuen
satt werden und keinen Hunger leiden.

Möge sein Fell seinen Glanz nie verlieren
und er auch in ihrer Obhut niemals frieren.

Möge eine Katzenklappe an ihrer Tür
ihm stets einen Weg eröffnen weg von hier.

Möge sie ihm seine Zähne und Krallen lassen
und ihn für die zugefügten Wunden nicht hassen.

Möge er aus ihrem Fenster auf den Himmel sehen,
auf vorbeiziehende Wolken, Flugobjekte, Krähen.

Möge sie ihm täglich Zärtlichkeiten
in unaufdringlichen Rationen schenken.

Möge er friedlich schlafen in jedem Raum,
unter ihrer Wäsche oder oben auf dem
Kratzbaum.

Und möge sie im fünften von sieben Leben
jetzt gut auf ihn achtgeben.

Die Friedenslehrer

In der Schule
lernten wir
dass wir von den Affen
abstammen.

Schnell
lernten wir auch
zwischen Gorillas
und Schimpansen
zu unterscheiden.

Gorillas bezogen
auf dem Schulhof
die Prügel.

Ich gehörte
zu den Schimpansen.

Unser Lehrer
ein Gorilla
erzählte uns
von seinem Bruder
Sokrates
der für seine Ideale
gestorben war.

Er erzählte
von unterdrückten Völkern
Sklaven und
ihren Anwälten
von Gandhi
Nelson Mandela
Martin Luther King.

Gorillas
die leider
auf der falschen Seite
standen
dachten wir
vom Lager der Schimpansen.

Jahre später
sah ich sie
wieder
in einer TV-Doku
über die letzten
freilebenden Exemplare
ihrer Art
in Afrika.

Jetzt aber
empörte mich
ihr Los.

Als konvertierter Gorilla
war ich
stolz auf sie
und gedachte
der anderen
in echter Affenliebe.

II

440 Hz

Klänge

Brief an Leopardi

Lieber Giacomo,

der Blutrausch unserer Mutter
dauert an,
sie tötet weiter ihre Kinder,
erstickt, ertränkt und erschlägt sie,
verbrennt oder begräbt sie unter sich.
Die Natur ist eine Mörderin,
heute wie damals.
Aber im Kampf gegen sie
machen wir Fortschritte.
Unsere Technik steht ihr an Macht und Größe
in nichts mehr nach,
und soweit ich das verstanden habe,
verfolgen wir dabei zwei Ziele.
Ein militärisches: Leben auslöschen,
bevor sie es tut.
Die Qual der Tiere beenden,
indem wir sie ausrotten.
Das langfristige Ziel
dieser Großen Offensive
aber ist das neue Jerusalem,
Friede und Erfüllung für unsere Brüder und
Schwestern,
ein irdischer Garten Eden
für die glücklichen Methusalems von morgen.
Ob uns das je gelingen wird?
Sicher: Wir werden mehr und älter
mit jeder Generation,
aber noch wissen wir nicht,
wie wir weiter altern sollen,
ohne auch unsere Agonie,

den unvermeidlichen Verfall, zu verlängern.
Und noch immer haben wir
im Kampf gegen unsere tyrannische Mutter
kein besseres Mittel gefunden
als ihre eigene stärkste Waffe: den Tod.
Gewiss wirst du mich ein Muttersöhnchen heißen,
lieber Freund,
wenn ich dir erzähle,
dass ich in der stummen Gesellschaft
unserer Mutter
auch schon glücklich war,
maßlos glücklich,
im Wald, an Küsten und Höhenrücken,
und dass sie mir, Giacomo,
abseits ihrer zerstrittenen, lärmenden Brut
manchmal wie eine Heilbringerin
entgegenkam.

Cari saluti

R.

Bericht zum Hergang des „schönsten Suizids" von Evelyn Francis McHale

Besucht tags zuvor
ihren Verlobten in der Provinz;

verabschiedet sich
ohne sichtbare Verstimmung
von ihm;

fährt zurück in ihre Stadt
und checkt dort in einem Hotel ein;

verlässt das Hotel noch am selben Tag
und steigt auf die Aufsichtsplattform
eines berühmten Wolkenkratzers;

stürzt sich um 10:40 Ortszeit
86 Stockwerke tief in den Tod;

fällt unten hart
auf das Dach einer Limousine;

wird von einem zufällig anwesenden
Fotografiestudenten abgelichtet;

lässt auf seinem Foto
keine sichtbaren Verletzungen erkennen;

liegt darauf fast makellos,
aber mit zerrissenen Strümpfen,
auf dem stromlinienförmig verbogenen Wrack;

hält in den Fingern ihrer linken Hand
eine intakte Perlenkette umklammert;

78

hinterlässt in ihrer Handtasche
auf der Aufsichtsplattform des Wolkenkratzers
einen Abschiedsbrief;

verweist darin als Motiv ihrer Tat
auf „Tendenzen" ihrer Mutter;
erklärt, dass sie weder ihrem Verlobten
noch „irgendjemandem" eine gute Frau sein
könne;

bittet, eingeäschert zu werden;

wird wie angeordnet
in einer Feuerbestattung ohne Zeremonie
eingeäschert und beigesetzt;

hält in den Fingern der rechten Hand
eine intakte Perlenkette umklammert.

Der Faustdarsteller G., seinen Text memorierend

(Beim Teetrinken)

Da steh ih nun, ih armher Toah,
und bin so klugh, als wih zuvoah!
Haißa Magisther, haißa Dokthor gah,
und seh, dass wir nichts wissn khönnen!

(Beim Zähneputzen)

Da schteh isch nun, isch armer Tor,
und bin scho klug alsch wie tschuvor!
Scheiße Magischter, scheiße Dokto gar,
und schehe, dasch wir nischt wischen können!

(Beim Türkischlernen)

Dü stüh üch nün, üch ürmür Tür,
und bün so klüg üls wü züvür,
hüßü Mügüstür, hüßü Düktür gür,
und süh, düss wür nüchts wüssen künnen!

(Beim Füttern der Vögel)

Da steh ich nun, ich armer Tor *Tsch,*
und bin so klug als wie zuvor *TschTsch*!
Heiße Mag *Tsch,* heiße Dok *Tsch* gar,
und sehe, dass wir nichts *TschTschTschiep*!

(Beim Einkaufen im Supermarkt)

Da steh ich nun, „alles frisch?", ich armer Tor,
und bin so klug, „glutenfrei? ", als wie zuvor,

Heiße Magister, heiße „Filialleiter, wo ist der
Filialleiter?"
und sehe, dass wir „EINE ZWEITE KASSA,
BITTE!"

(Beim Verabschieden seiner Frau)

Da steh ich nun, „ja, Schatz", armer Tor,
und bin, „mach ich, Schatz", als wie zuvor,
Heiße „Schatz", heiße „klar, mein Schatz",
und sehe, dass wir nichts „Ja, Schatz, Ja, Ja, Ja!"

Reise in die Vergangenheit auf der
Eselsbrücke der Romane von Simenon

Im Café auf niemanden wartend
Die Zeit mit Anaïs

Im Studentenheim umgeben von vielen
Brief an meinen Richter

In der Betriebskantine bei unserem ersten Treffen
Striptease

Im Zug auf der Fahrt in dein Heimatdorf
Das Begräbnis des Monsieur Bouvet

In deinem alten Kinderzimmer im Haus der Eltern
Das Testament Donadieu

Im Urlaub während du schliefst
Die Leute gegenüber

Im abgedunkelten Zimmer mit Sonnenbrand
Tropenkoller

Im 8-Bettzimmer eines Unfallkrankenhauses
Die Fantome des Hutmachers

Im Kurhotel nach dem Schlammbad
Die grünen Fensterläden

Im Garten deiner Freundin geistesabwesend
45° im Schatten

Im neuen Wohnzimmer nach dem letzten Umzug
Die Katze

Im Strandbad unter lachenden Mädchen
Der Mann, der den Zügen nachsah

In deiner Abwesenheit an einem belebten Ort
Die Tür

Neue Sprichwörter

frei nach Paul Eluard und Benjamin Péret

Frauen, die fluchen, stillen nicht.

Das erste Opfer des Friedens ist der Wald.

Dem Quagga gehört die Nachwelt.

Besser eine Stunde zu früh im Aufwachraum
als eine Minute länger tot.

Was der Halbgebildete nicht lernt, lernt der
Volltrottel.

Dem Traumtänzer hilft ein Sekundenschlaf.

Die linke Gehirnhälfte wäscht die andere.

An den Marionettenfalten erkennt man den
Blobfisch.

Auch ein Zeitungsleser findet mal ein freundliches
Wort.

Wie im Wetterradio prophezeit, beginnt in der
Stadt die Regenzeit.

Einer aus deinem Kreis wirft dich aus dem Ring.
(Sumō-Weisheit)

Viele Zwischenmahlzeiten verderben den Koch.

Jedem Fertiggericht seine Mikrowelle.

Die Halskette ist einem näher als die Fußfessel.

Wer viele Déjà-vus hat, war im ersten Leben
Polizist.

Ein Rosentattoo macht das fehlende Feigenblatt
wett.

Wo ein Priester vergeblich angelt, fischen zwei
Gurus mit Gewinn.

Nur ein kreisrundes Aquarium schafft dem Fisch
die Illusion des Ozeans.

Katzen und Herzdamen werden kleiner, wenn sie
schlafen.

Im Schmetterlingshaus sind alle Räume
Gästezimmer.

Ein Nudist macht noch keine Hitzewelle.

Spät übt, wer ein Barpianist werden will.

Wenn Gott spricht, haben die Yogis Atempause.

Gnade

Allen Pflegeeltern gewidmet

Das Kind, das heute Früh in der Babyklappe lag,
wurde irgendwo unter Schmerzen geboren.
Seine Mutter trug es neun Monate im Bauch.

Hm, neun…
Wie die Neun Chöre der Engel
oder Dantes Neun Höllenkreise.

Neun Felder eines Sudoku
oder Neun Kegel auf einer Bowlingbahn.

Die Werke in Neun Bänden von Shakespeare
(in meiner alten Ausgabe).

Mit neun verunglückte ich
in Großvaters Werkstatt
(eine Narbe über dem linken Auge ist mir
geblieben).

Die Neun im Enneagramm: das Paradieskind.
Die neun Leben einer Katze.
Neun Götter oder Neun Musen.
In der Numerologie: die höchste Vollendung.

Aber auch die neunschwänzige Katze
im Keller der Sadisten
oder die `verfluchte´ Neunte Symphonie,
auf die keine andere mehr folgt.

In der neunten Stunde starb Jesus am Kreuz.
Danach, heißt es, gab er nur Zeichen,
die aber nicht aufgeschrieben wurden.

Reise nach Wales

Das (schrieb er nach Hause)
nehme ich mit:

Aus dem Schaum geborene Schafe
wilde Ponys und Kühe

eine hundegerechte Stadtentwicklung

Klippendome und Kirchenriffe

singende Steine und steinerne Barden

eine Sprache wie eine Festung aus Konsonanten
gegen die lauten englischen Vokale

die Steigerungsformen `Moor´ und `Meer´

ein Porträt des Künstlers als Phantom
mit Tintenfass und Flaschen
(Thomas Dylan Boathouse, Laugharne)

Und das
lasse ich zurück:

panierten Kabeljau im Papier
den Linksverkehr
einen Adapter
und die Unruhe
die mich trieb
herzukommen

Tagträume*

Sie sind gewöhnlicher
als die vielgedeuteten
Nachtträume.

Gott sprach im Schlaf
zum Pharao.

Und auch die Seele
offenbart sich
nur nachts
in Symbolen,
die uns erregen,
erschrecken
oder erheben,
und die wir gern
weitererzählen.

Das Unaussprechliche,
das Tagträume enthüllen,
behalten wir lieber für uns:

„I´m the king of the world!"

„We rob banks."

„Go ahead, make my day!"

Selbst wo sie
an eine edlere Seite in uns rühren,
verschweigen wir sie
schüchtern:

„We´ll always have Paris."

Alle Filmzitate aus dem englischen Original: Titanic (1997), Bonnie and Clyde (1967), Dirty Harry (1971), Casablanca (1942)

Variationen nach einem Thema von Friedrich Hebbel

Thema: Ein Mädchen vorm Spiegel ist eine Frucht,
die sich selbst genießt.

Eine Greisin vorm Spiegel ist ein Kokon,
der sich nach außen wölbt.

Ein Model vorm Spiegel ist eine Königspython,
die sich farbenprächtig häutet.

Ein Stubenmädchen vorm Spiegel ist eine Nonne,
die eine Lady sieht.

Ein Betrunkener vorm Spiegel sind Augen,
die nach einem Blick suchen.

Eine Katze vorm Spiegel ist ein Spiegel,
der eine Katze reflektiert.

Ein Nachtwandler vorm Spiegel ist ein
Schlafender,
der aufrecht vorm Spiegel steht.

Ein Karrierist vorm Spiegel ist eine Maske,
die in der Mitte bricht.

Eine Liebende vorm Spiegel ist ein Gesicht,
das ein Abwesender erhellt.

Was die Genies mir gaben

Edison
den aufgezeichneten Ton

Mozart
ein Klavierkonzert

Ovid
Motive für ein Liebeslied

Leonardo da Vinci
die Studien zur Anatomie

Fabre
den Makrokosmos der Käfer

Brecht
das eine oder andere Gedicht

Goethe
die ungebundene Sprache

Marx
die sozialpolitische Matrix

Jung
den *Unus mundus* und seine Deutung

Schopenhauer
Hausmittel gegen die Trauer

Nietzsche
eine gesunde Watsche

Jane Austen
Aufschlüsse über mein Mädchen

Laotse
eine unnachahmliche Weise

Van Gogh
den späten Pinselstrich

Michelangelo
das große Fresco

Kavafis
alles aus dem Nachlass

Augustinus
nichts als Christus

Teresa von Ávila, 1515 – 1582

Sie hielt zu
den konvertierten Ahnen:
So entkam sie
den Scharfrichtern.

Sie ging
keine Ehe ein:
So entzog sie sich
der anderen Inquisition.

Sie vermählte sich
mit Jesus:
So gehorchte sie
ihrem jüdischen Gesetz.

Sie trat nackt
vor den Herrn:
So musste sie sich
nie mehr entblößen.

Sie wollte ihren Kopf
freihalten:
So setzte sie den Weg
barfüßig fort.

Kruzifix

Als Kind
wenn ich
einen Vogel im Flug
malen wollte
brachte ich
immer
ein Kreuz
zu Papier

Meine Landschaften
waren übersät
mit Kreuzen
die von einem blauen
oder grauen
Himmel
auf die Erde
regneten

Nur einmal
beim Versuch
ein Kreuz
zu malen
gelang mir
ein Vogel
mit Rippen
wie ein Mensch

und weit ausgebreiteten Flügeln

Reminiszenz, ein Bild von Cy Twombly betrachtend

Es gibt auch
andere Auslöser:

Am Gaumen der Geschmack
von etwas Süßem,
die Sandtörtchen von Proust
zum Beispiel,
oder Rhabarberkuchen, Rote Grütze.

Aber weder Fleisch noch Käse.

Musik meistens
sentimentale Melodien:
Schlager oder Chanson.

Nie ein Marsch, ein Kirchenlied,
eine Fanfare.

Eine Arie kann kurz
ein Zeitfenster öffnen,
das der Chor, wenn er einsetzt,
sofort wieder schließt.

Sie klingen an, wo etwas verhallt,
und verstummen bei Hymnen.

Manchmal Geräusche
aus der Natur, ein bestimmter Vogelgesang.
Aber auch der Klang der Alarmsirenen
in einer fremden Stadt.

Oft liegen sie in der Luft,

in Meergerüchen oder
im Duft kandierter Mandeln.

Winde nur,
wenn sie aus dem Süden
heiß auf das vergrämte Gesicht treffen.
Eindrücke in der Hand
rufen sie selten hervor,
vielleicht ein Kiesel,
leicht wie ein Taubenei.

Sie stellen sich nie ein,
wenn man sich
Fotos von früher ansieht
oder Bilder von Häusern,
Dingen, Menschen, nackten Körpern.

Doch ein Gekritzel
auf dunklem Grund betrachtend
stehe ich wieder
vor der Tafel
meines alten Klassenzimmers.

Plötzlich um Jahrzehnte verjüngt
folge ich den anderen
weiter in die Antikensammlung.

Die Frau(en) auf den Bildern von Vermeer

Sie sehen sich
alle ähnlich;
vielleicht war es
immer dieselbe
in wechselnden Rollen.

Die Magd,
die für ein Zubrot
als Herrin posierte.

Eine Weltkarte
an die leere Wand
gehängt,
und schwupp
ist sie kein Stubenmädchen mehr.

Schnell
den blauen Kittel
abgelegt
und in ein Kleid
aus Lapislazuli
geschlüpft.

Die langen Haare
fest zu einem Knoten
gebunden,
der sie ebenso gut
verbirgt
wie vorher das Kopftuch.

Das Licht von links
fällt im Wohnzimmer

etwas dunkler
durch das gekachelte Fenster.

In der Hand
jetzt kein Milchkrug,
sondern ein Schreiben,
das ihr akademische Würde
verleiht.

Das erhitzte Gesicht
(gerötet von der Arbeit
am Herd)
könnte sie verraten
und verwandelt
stattdessen
den Wochenplan für die Küche
in einen Liebesbrief.

O-Beinige

Alte Rodeoreiter
und Fußballer
Lucky Luke
Die Geisha unterm
Kimono
Der Hofzwerg Nano Morgante
Säuglinge liegend
und Schimpansen
stehend
Till Eulenspiegel
Frösche
Keulen-Kürbisse
und Nackenhörnchen
Die Bauern auf
den Bildern von Egger-Lienz
Der leptosome Gelehrte
Ich auf
den unsichtbaren Schultern
meiner Riesen

Der letzte Condottiere

Man wird annehmen müssen, dass das Phantasievolk
das Alltägliche gern vernachlässigte, um dann
von dem Außergewöhnlichen sich hinreißen zu lassen.
Jacob Burckhardt,
Die Kultur der Renaissance in Italien

Als der Letzte fiel,
stand die Sonne im zweiten Haus.

Die Astrologen
hatten richtig gedeutet,
aber zugunsten der Spanier.

Diese berechneten nur noch
Reichweite und Flugbahn.

Sie lebten vielleicht noch
unter demselben Himmel,
aber sie kämpften bereits
unter einem andern.

Ausgebildet in Schießen,
nicht Fechten.

Auch sie steckten
in schweren Rüstungen
(schäbiger, weniger stilvoll
als die ihrer Gegner),
aber das Gewehr in der Hand
verwandelte sie in Streitpanzer
aus Fleisch und Blut.

Ihre Geschosse flogen

durch eine Luft,
in der noch
Leonardos Atem hing
und Giottos Engel kreisten.

Am Tag, als er fiel,
glänzte der letzte Condottiere
wie das Familiensilber
blank und sauber.

Er starb,
berichtet die Chronik,
weil er ein wenig zu lang
am Erbe festhielt,
mit gezücktem Schwert
- „*Ma che vile die bastardi!*" -
durch eine Kugel
aus einfachem Blei.

Die Apokalypse nach Nostradamus

Ob ein König fällt oder Völker weinen,
für jede Katastrophe hat er nur vier Zeilen.

Das ist der Schrecken: jede Prophezeiung
beiläufig wie ein Artikel in der Tageszeitung.

Jeder Tote ein Schritt weiter in der Apokalypse,
in Reimen kurz notiert und husch *The next please!*

Schibli, 859 – 946 v. Chr.

Sein Gott
war überall
und wirkte in jedem

Also auch
in seinen Glaubensbrüdern
die ihn verurteilten
und wegsperrten

Er hatte Knast- und Bettelbrüder

Solche
die zahnlos
eine Zelle
mit ihm teilten
und solche
die ihn draußen
auf der Zeche
sitzen ließen

Dennoch Brüder
Halb- und Stiefbrüder

Solche
die einem anderen Vater
gehorchten
(oder eine andere Mutter
liebten)
und solche
die unter
zänkischen Schwestern
aufwuchsen
ohne Bruder
(wie ich)

Eine Familie
so dachte er
auch unter Artfremden

So denke
ich nicht
und nenne ihn
etwas plump
falsch vertraulich
(wie ein Rapper)
dennoch Bruder

Lesezeichen

Leser
vergessen gern
ihre Lesezeichen
in den Büchern,
die sie irgendwo hinterlegen.

So fand ich
einmal
in einem Band
von Julio Cortázar
den Flyer
eines Londoner Call Girls.

In einer Erzählung von Cortázar
hätte ich sie angerufen
und wir wären
schnell
ins Gespräch gekommen.

Sie hätte mir
in flüssigem Englisch
erklärt,
wie heiß sie allein
das Timbre
meiner Stimme mache.

Ich hätte ihr,
das aufgeschlagene Buch
in der Hand,
stockend geantwortet,
und sie hätte
über mein Pidgin
hinwegbrabbelnd
weitergeredet,

beginnend
mit ihrer Muschi,
ihrer „wet pussy",
und ich wäre ihr
mit meinem größeren
passiven Wortschatz
leicht gefolgt,
immer entlang
von Cortázars langen
melodischen Sätzen,
„my rubber boobs",
ihre Brüste aus Silikon,
jetzt hart
wie die Reifen
eines italienischen Rennwagens
und genauso heiß,
„hard and hot".

Stellenweise
hätte sie
meine faszinierte Lektüre
irritiert unterbrochen:

„Still here, sweetie?",

„Yes",
hätte ich
mit meinem kleineren
aktiven Wortschatz
erwidert,
„go on, go on!"

Und sie wäre
fortgefahren,
weiter mit ihrem Po,

ihrem Bauch, ihren Lippen,
„...my belly, my juicy bum",
mechanisch
wie am Band,
und ich weiter
in meinem Band,
Cortázar mit genässtem Finger,
als folgte ich
einer Anweisung von ihr,
oder umgekehrt,
als wäre das Call Girl
jetzt ein Teil
seiner Erzählung.

„Now, push harder now, honey!"

Immer weiter
stöhnend
bis zu ihrem
Orgasmus,
zugleich
ein parataktischer Höhepunkt
in Cortázars Erzählung,
den ich
mit der erstbesten
englischen Floskel,
die mir eingefallen wäre,
anerkennend
kommentiert hätte:
„God bless you!"

Nicht so sicher,
wer von beiden,
Cortázar oder
das Call Girl,
eigentlich gemeint wäre.

L´inconnue de la Seine, um 1900

Totenmasken.

Am ehesten
gleichen sie
Fischen,
die vor
und nach dem Tod
gleich aussehen.

Zeitlos stumm.

Was?

Dieser Karpfen
hat die Fantasie für Klavier
komponiert?

Dieser Lachs
den Faust verfasst?

Dieser Dorsch
auf dem Landweg
Lateinamerika erforscht?

Diese Bachforelle
hier
die deutschen Staaten
geeint?

Und dieser Große Barsch
das geistliche Reich
vom weltlichen
gelöst?

Als Sammlerstück
begehrt:
ein Seepferdchen
aus den Wassern
der Seine,
vermutlich gefälscht.

Der Schelm
fertigte es
von seiner schlafenden Tochter.

Wabi Sabi, was?

Wenn im alten Japan
eine Keramik zerbrach,
setzte man die Scherben
wieder zusammen
und füllte die Risse
mit Gold.

Die kaputte Vase der Liebsten
wandert direkt in den Müll.
Der Superkleber
hätte auch nicht
die Macht von Gold,
ihre Tränen zu trocknen.

Zum Bild des Dichters in dem Gedicht
„Ihr Dach stieß fast bis an die Sterne..."
von Arno Holz

- lebt in Untermiete
- schaut auf eine Fabrik
- lauscht der Zigeunermusik nebenan
- säuft Fusel
- geht in Lumpen
- pumpt sich Zwieback vom Nachbarn
- verkehrt ungeschützt mit Prostituierten
- vergisst schreibend seine Not
- verlassen wie der Nazarener

Und heute?

- wohnt im Eigentum
- blickt auf ein Reihenhaus
- hört den Rasenmäher gegenüber
- trinkt Tequila mit Limettensaft
- trägt BOSS und Yves Saint Laurent
- beantragt eine Finanzspritze vom Staat
- sieht auf vertrauenswürdigen Seiten Pornostarlets
- verwertet schreibend seine Not
- einsam wie der Berufsschriftsteller R.M.

Beste Saison für Haiku-Dichter in Europa

April, Anfang Mai –
Stoff für einen kompletten
Jahreszeitenband

Gruppe 2, Reihe 6, Nr. 59

Ich dachte,
der Poet wäre unsterblich.
Irrtum:
Hier in seinem Grab
liegt er mit Datum & Nummer.

Und ich dachte,
*der General** wäre tot.
Unsinn:
Dort an der Front
steht er noch immer.

Titel eines Lieds von Ludwig Hirsch

Immergrün

Die Schwester liebte Puzzles:
Sie begann mit einzelnen Tieren,
Hasen und Welpen,
und arbeitete sich stetig voran
zu komplexeren Gebilden: feuerroten Dahlien,
hängenden Fuchsien
oder den Schwertlinien Van Goghs.
Am Zenit ihres Könnens puzzelte sie ganze
Gemälde,
Altarbilder und romantische Landschaften,
die sie stückchenweise
mit Hingabe und Liebe rekonstruierte.
Sie brauchte Tage, Wochen und Monate dafür.
Einmal fehlte ein Puzzleteil.
Sie hatte es verloren,
als die Teile aus der Verpackung fielen.
Oder es war nie vorhanden gewesen.
Oder jemand hatte es entwendet,
und ihre letzte große Arbeit blieb unvollendet.
Sie bemerkte es erst,
als sie die 2999 anderen Teile gelegt hatte.
„Beginn ein Neues!", riet ihr die Mutter.
„Verhau den Verkäufer!", höhnte der Bruder.
Sie machte weiter, jetzt wieder mit kleineren
Motiven:
kleinformatigen Sukkulenten und Kakteen.
Immergrünen Sträuchern, Veilchen,
oder O´Keeffes Blütenkelchen,
weil die Finger sich daran gewöhnt hatten.
Größere Bilder wollte sie keine mehr puzzeln.
Nie wieder.
Das Fehlerhafte hängte sie trotzdem an die Wand
ihres Jugendzimmers.

Nur wer ganz nahe trat, konnte den Makel rechts
oben sehen.
Ihre ungeschickt gesetzte Signatur.
Der Landschaft fehlte ein kleines Stück vom
Himmel.
Dem aber, der das einzelne Puzzleteil hatte,
fehlte die *Abendstimmung am Meer.*

Nike von Samothrake, Louvre

Sie könnte,
wär der Kopf noch dran,
glatt als Engel durchgehen
und in Kirchen
ihren Dienst verrichten.

Oder wo sie noch
ihren Segen spenden kann:
in Sterbehäusern und Spitälern.

Im Museum steht sie
neben andern nutzlosen Dingen:
Gemälden,
zu groß für den Privatbereich;
Gläsern,
zu kostbar für den eigenen Gebrauch;
Skulpturen,
zu exzentrisch für den Balkon.

Mit ihrem riesigen Flügel
kommt sie in keinen Wagen.
Doch auch ohne Haupt
setzt sie ihren Siegeszug fort.

Eine Kopie
der kopflosen Göttin
befand sich einmal
am Platz vor meinem Hotel.

Weil sie etwas
in ihr sehen,
tragen Frauen überall
sie als Kette um den Hals.

Denkmalgeschützt

Einige denkmalgeschützte Objekte
in unserer Stadt:

Beethovens Hörrohr und
Mozarts leeres Grab

Der Toilettenstuhl des Kaisers und
die Uniform des ermordeten Thronfolgers

Ein Quastenflosser in Formaldehyd und
das Präparat einer Monsterkrabbe

Hitlers Guillotine für die Serienmörderin Martha
Marek und Mitterhofers Schreibmaschine für die
„Kranken und Bettlägerigen"

Ein Judasbaum in der Alser Straße und
das Mahnmal am Judenplatz

Der alte Narrenturm und
das Wachsmodell einer Syphilis im Endstadium

Die Pestsäule und
eine unterirdische Nekropole

Ein römisches Tränenglas und
der Helm eines Legionärs

Eine osmanische Kanonenkugel
und das Reiterstandbild mit Pfeil und Bogen

Die Statuen von Julius Cäsar und Thukydides
Die erste Schneekugel

Von der Melancholie

Sie ist die große Schwester
der Neurose,
verschwenderischer
und attraktiver als diese.

Sie hört
statt auf Symptome
lieber auf Eigennamen:
Isis, Amor, Ahasver...

Die Therapiekosten
steckt sie
in den Erwerb von Büchern,
Schnittblumen, Zigarillos, Whisky.

Sie spricht
ihre Muttersprache
wie ein deutscher Schlager
mit vielen fremden Akzenten.

Sie liebt und studiert
nur unnütze Fächer:
Farben, Vögel und ihre Flugbilder,
Schattenrisse, Stimmen, Spuren.

Sie hat einen linken Flügel,
verliebt in den Verfall,
und einen rechten,
der erinnert und bewahrt.

Sie wirkt wie Kaffee
geschmacksverstärkend
auf Melodien, Gedichte,

Landschaften & alte Fotos.

Sie ist immer
verlässlich
auf Seiten der Kleinen
und Vernachlässigten.

Bei Hunden
heftet sie sich stets
(bei Menschen manchmal)
an die Seelen der Verflossenen.

Dodo & Co

Offen gesagt:
Schön war er nicht.

Den Vergleich mit einem Dino
wird ein Dodo immer verlieren.

Einer von seiner Statur
wird nie die Fantasie
von Familienvätern und Jungs bevölkern.

In der berühmten Darstellung von Mansur
wirkt er plumper als der Papagei
und farbloser als das Perlhuhn.

Und was nutzten ihm die Flügel,
wenn sie ihn nicht
wie die Gänse auf dem gleichen Bild
zum Fliegen befähigten?

Wäre doch wenigstens sein Ende
wie ein Komet über ihn gekommen.
Doch so sterben nur Drachenkönige.

Stattdessen: ausgerottet.
Wie ungeschickt!

Zu langsam für die Flucht.
Zu zahm für den Kampf.
Eine leichte Beute
für jeden Räuber.
Wie das Quagga,
die Wandertaube,
Stellers Seekuh...

Hätte ihm, wer ihn erschuf,
nicht auch Zähne und Krallen
oder irgendein Gift
mitgeben können?

Geschieht ihm also recht?

Im Naturhistorischen Museum
steht er,
liebevoll nachgebildet,
in einer Einzelvitrine
abseits der anderen Präparate.

Die Gunst der Künstler
ist ihm,
dem Todgeweihten,
jedenfalls sicher.

Zum Bild des „Bauern aus dem Westerland" von August Sander

Auf dem Schwarzweißfoto
posiert ein Mann
mittleren Alters
allein
vor einer leeren Landschaft.

Er ist
ganz in Schwarz
gekleidet,
mit Mantel und Zylinder.

Er lacht nicht.

Trauert er?
Dann trauern sie alle,
denn auf alten Fotos
lacht nie irgendeiner.

Das Lachen für ein Bild
kam erst später
mit der Farbfotos auf.

Seither lachen wir,
sobald nur irgendwo
ein Objektiv
auf uns gerichtet ist:
auf Partys,
im Urlaub vor dem Eiffelturm,
am Strand
oder im Spital,
auf dem ersten Schnappschuss
nach dem Unfall:

bis zum Hals im Gips,
aber – Hahaha -
keep on smiling!

Dem Mann auf dem Foto
kümmert das nicht.
Kameras lösten
noch keine Heiterkeit aus.

Und so könnte,
zusammengefasst,
seine Geschichte lauten:

Lebt als Junggeselle
mit seinen Schafen
und Hühnern.
Geht jeden Tag
aufs Feld
und sonntags in die Kirche.
Kocht und bügelt selbst,
seit die Mutter nicht mehr ist.
Schaufelt
alle Jahre wieder
den Schlamm aus dem Haus.
Hat noch mehr Finger
an der Hand
als Zähne im Mund.
Spürt die Gicht,
die Prostata,
den Beginn der Regenzeit
und den Himbeergeist
am Gaumen.

Wann ist ihm
das Lachen vergangen?

Er fragt nicht.
Er war schon tot,
als die ersten Farbfotos auftauchten.
Er muss nicht
lustig finden,
was ihm widerfuhr.

Resonanzen

Schüler erzählten,
dass Meister Konfuzius,
tief bewegt
von einem Stück Musik,
monatelang
kein Fleisch mehr aß.

Dem Edlen heute
stehen Melodien
von Bach und Mozart
zur Verfügung,
um vegetarisch
zu werden.

Auf Gilmours Gitarren-Riffs,
Coltranes Saxophon-Soli
geht es
noch weiter
die steilen Klippen
des Veganismus hinauf.

Ein Fall von Teleportation

Zurück
aus Irland
klagt ein Kollege:

„Nur Regen, Felsen, Moos
& Möwenkacke."

Was dachte er dort zu finden?

Die *Dubliner*
verhökert
ein Zürcher Antiquar
in der teuren Erstausgabe
und mein Cork
liegt jetzt außerhalb
der Stadt Cork
in einem Ehrengrab
für Frank O´Connor.

„Und das Guinness?",
frage ich.

Wenigstens das Bier
ein Stück Irland
ohne bitteren Nachgeschmack.

„Ja, das Guinness..."

Die Säulen der Schöpfung

Es sind Aufnahmen
eines Radiologen vom Weltraum:

Knochen, geformt
aus kosmischem Nebel.

Finger, die vor schwarzer Kontrastfarbe
das All abtasten.

Eine gichtkranke Hand,
die einen Stern erschafft.

In allen Sprachen oder Aus dem Schlafzimmer eines Linguisten

Viele Sprachen
unterscheiden nicht
zwischen Fingern
und Zehen

Dasselbe Wort
bezeichnet beide
und macht
Hände und Füße
austauschbar

In diesen Sprachen
fährt man
seiner Liebsten
mit Zehen
durchs Haar
und folgt ihr
auf Fingern
ins Schlafzimmer

Man drückt
ihren Fuß
gegen die Lippen
wenn man ihre Hand
kosen will
und nimmt jede Zehe
zärtlich
in den Mund
um an ihren Fingern
zu lutschen

Man hat
zwanzig Finger
um sie zu halten
zu fühlen
zu streicheln

Und zwanzig Finger
müssen sie
wieder loslassen

Wenn sie
bereits schläft
nähert man sich ihr
mit Zehenspitzengefühl
und küsst sie
wie in allen Sprachen
ohne Worte

Das Turiner Grabtuch, 1260 – 1390 n. Chr.?

Die Kirche nennt es eine Ikone.
Die Wissenschaft weiß es besser: ein Fake.
Kunstfreunde bewundern das geniale Artefakt,
und der Bauerntölpel verehrt es weiter als Reliquie.

Ich fühle mit Letzterem: wie ein Scheintoter,
eingewickelt in das Grabtuch eines anderen,
der plötzlich wieder auflebt,
wie früher einmal nach dem Liebesakt.

Bücherkasten

Die alte Telefonzelle
ist jetzt
ein Bücherkasten

und wo sie früher
telefonierten
tauschen Leute
nun ihre Bücher

Wo sie zankten
legen sie
ihre gelesenen Krimis ab

Wo sie
Ferngespräche
führten
finden sie
Reiseführer

Wo sie voneinander
nur hörten
blättern sie
in Portfolios

Wo sie einander
ins Wort fielen
hinterlassen sie
Ratgeber
die Heilige Schrift
oder einen Grundkurs
in fernöstlicher Meditation

Auch Schulbücher
und Lehrwerke

entsorgen sie hier
wo sie
mehr als einmal
niemanden erreichten

Bunte Liebesromane
stehen
wo die Zeituhr
stets
gegen uns lief

und wo ich
immer
meine letzten Münzen
an deine Stimme
verlor

Panta rhei

Man steigt niemals zweimal in denselben Fluss.
Der Satz ist ein Vexierspiegel.
Er bedeutet für jeden,
der ihn liest, etwas anderes.

Für den Raucher:
Ich rauche niemals zweimal dieselbe Zigarette.
Für Casanova:
Ich schlafe niemals zweimal mit derselben Frau.
Für den Christen:
Man wird niemals zweimal in dieselbe Welt geboren.
Für den Hindu:
Man wird niemals zweimal mit derselben Nase geboren.

Für meine Großmutter,
die eine Naschkatze war,
aber nicht gut kochte,
bedeutete es,
dass sie denselben Schmarrn
niemals zweimal aß.

Der Satz heißt am Morgen,
dass man nicht noch einmal
dieselbe Unterhose anzieht,
und abends,
dass man die Kontaktlinsen
nicht wieder
in dieselbe Lösung legt.

Ein endloser Strom
versorgt das Leben
mit immer neuen Individuen
wie der Warenfluss

das Laufband eines Supermarkts
mit neuen Artikeln.

Alles fließt:
der Kaffee,
der meine Tasse gefüllt hat,
und der Verkehr auf der Straße,
der die Rubrik *Lokales* in den Zeitungen füllt.

Der Darsteller tritt ab, und Hamlet flutet weiter.

Heute schwamm ich
gegen den Strom
und las
deine alten Textnachrichten,
wie man Gedichte,
bis man sie auswendig kann,
wieder liest.

Heimtrainer

Ein Freund rief an,
als ich liebeskrank war:

„Was liegst du da und wedelst wie ein Hund
dieser Frau hinterher. Schau dich um, überall
wachsen neue nach!"

„Ach du, Casanova, hör auf",
sagte ich, „ist dir denn gar nichts von Bedeutung?"

„Doch, natürlich", sagte er,
„Fitness".

„Im Ernst?",
wollte ich wissen.

„Und ob", fuhr er fort,
„die Liebe liegt nicht auf der faulen Haut!"

„Auf einer Hantelbank ist sie mir aber
auch noch nie begegnet", sagte ich.

Das fand er lustig:
„Du trainierst…?"

„Es kommt schon vor, also gelegentlich",
erwiderte ich.

„Streckübungen auf deinem Klappsofa?",
setzte er nach.

„Nein, am liebsten auf dem Liegeergometer",
sagte ich.

„Rudergerät!", lachte er,
„das stimuliert den Herzmuskel."

„Sitzen dann erst wieder am Nachmittag",
sagte ich, „und nur für leichte Atemübungen:
Om…"

„Und für die Libido das Laufband",
dozierte er weiter.

„Liegeergometer", sagte ich wieder.

„Puhh, Träumer du",
keuchte er auf seinem Heimtrainer.

„Transhumanist du",
entgegnete ich, bevor er auflegte.

Suchmaschine

Wo sind sie alle hin?

Die Denker
die Griechenlands Mythos begründeten?

Die Sufis
die den Alten Orient behexten?

Die Künstler
die Italiens Städte erschufen?

Die Dichter
die Deutschlands Wälder verzauberten?

Die Existentialisten
die Paris wieder chic machten?

Die Beatniks
die Amerikas Westküste anheizten?

Die Jungen Wilden
die meine Jugend aufmischten?

Einer sitzt
hier am Computer
sucht im Netz
befragt Datenbanken
und Plattformen
forscht nach Orten in seiner Vergangenheit
recherchiert verlorene Landschaften
lädt alte Melodien herunter
googelt nach seiner Ex

Sinnlos
seit sie ihren Mädchennamen
abgelegt hat

Te amo

Die Römer
fassten sich kurz

Von meinem Liebesgedicht
bliebe
in der lateinischen Übersetzung
nur noch
halb so viel
stehen

Die Hälfte der Seite
bliebe weiß

Wo wir
drei Wörter brauchen
schafften sie es
in zwei:

Te amo

Das Ich
ist Teil des Verbs
Es verschwindet
im Akt des Liebkosens
löst sich auf
im Flüstern
Scherzen oder Lachen

Auf Lateinisch
könnte ich
in dich eindringen
dich küssen
und ertasten

ohne dass du
mich siehst

Ich wäre
ganz da
in meinem Schauen
Staunen und Fühlen
Die Hand
wenn ich
etwas anrührte
oder fallen ließe
wäre
auf dich bezogen

Ich könnte
lieben
und an dich denken
und mich selbst
dabei
vergessen

Von der Seele

Die Wissenschaft,
die sie am Leichnam evaluiert,
nennt es Biophoton.
Sie leuchtet auf, wenn der Körper stirbt.

Andere Namen dafür
sind Geist, Psyche, Wesen.
Manche sagen, sie könnten welche
nachts die Treppe hochkommen sehen.

In Christus ist sie ewig
und muss warten.
In der Sprache der Psychoanalyse
ist sie ein *Apparat*
und muss andauernd gewartet werden.

Sie steckt in den Wörtern
„Seelsorge",
„Seelenamt",
„Seelenqual"
und „Seelenarzt".

Aber nicht in „Seeleopard",
obwohl schon Aristoteles wusste,
dass auch Tiere eine haben.

Sie macht sich oft bemerkbar,
wenn wir lieber unsere Ruhe hätten.
Als Kind zählte ich
Schafe vorm Einschlafen.
Das sollte ihr
über die Schwelle helfen.
(Ich blieb trotzdem schlaflos.
Ich zählte nur die schwarzen.)

Nicht jeder, der eine hat,
will sie auch ausdrücken.
Den meisten genügt
ein Fingerabdruck am Meldeamt
als Beweis ihrer Existenz.

Diejenigen, die ihr zum Ausdruck
verhelfen wollen,
nennt man Künstler.
Sie glauben, dass es die Henne gibt,
um ein Osterei hervorzubringen.

Nicht alle Seelen sind gleich groß,
aber jede ist allein und einzigartig.

Niemand kann für dich sprechen,
so wie niemand anstelle von Gogol
Die toten Seelen zu Ende schreiben kann.

Garantieschein

Der Autor garantiert für die gute Lesbarkeit
des vorliegenden und von ihm selbst autorisierten Werks
für den Zeitraum von 3 Monaten ab Beginn der Lektüre.

Die Garantie erstreckt sich insbesondere auf die darin behandelten
literarischen Stoffe aus erstklassigen Quellenmaterialien.

Ausgenommen von der Garantie sind Mängel,
die auf manuelle Beschädigungen oder geistige Defizite
des Lesers/der Leserin
(Geschmacksdifferenzen, Wissenslücken, Unverständnis, Blödheit
u.ä.)
zurückzuführen sind.

Wird das Buch von fremder Hand geöffnet, erlischt die Garantie.

Die Garantieleistung beinhaltet die Möglichkeit
einer physischen Abrechnung
(wahlweise Maulschelle oder Kopfnuss),
die nur der Autor persönlich entgegennimmt,
nicht sein/e VertragspartnerIn (VerlegerIn).